Helmut Zöpfl, P. Walter Rupp
Gesegnete Weihnachten

Helmut Zöpfl & P. Walter Rupp

Gesegnete Weihnachten

Unterhaltsame Gedanken
und Geschichten

benno

Bibliografische Information der Deutschen Nationalbibliothek
Die Deutsche Nationalbibliothek verzeichnet diese Publikation
in der Deutschen Nationalbibliografie;
detaillierte bibliografische Daten sind im Internet über
http://dnb.d-nb.de abrufbar.

Bildnachweis
Cover: © Pinkcoala/Fotolia
Innenteil: S. 5, 8, 10, 31, 33, 37, 44, 52, 57, 60, 68, 75: © danielabarreto/ Fotolia.de; Seite 7 + 35: © BlueLotusArt/Shutterstock.com; S. 40: © Vector Draco/Shutterstock.com; S. 47: © rolandtopor/Shutterstock.com; S. 50: © joanna_k23/Fotolia.de; S. 60: © Malchev/Shutterstock.com; S. 71: © blackman/Shutterstock.com

Autorenkürzel:
Helmut Zöpfl: HZ
P. Walter Rupp SJ: WR

**Besuchen Sie uns im Internet unter:
www.st-benno.de**

Gern informieren wir Sie unverbindlich und aktuell auch in
unserem Newsletter zum Verlagsprogramm, zu Neuerscheinungen
und Aktionen. Einfach anmelden unter www.st-benno.de.

ISBN 978-3-7462-4770-0

© St. Benno Verlag GmbH, Leipzig
Covergestaltung: Birq Design, Leipzig
Gesamtherstellung: Kontext, Lemsel (A)

Inhalt

Advent: Fröhliche Erwartung

Advent 8

Der Adventskalender 9

Langsamkeit 11

St. Nikolaus 12

Nikolaus heute 14

Der Weihnachtsunterhalter 16

Weihnachtsfeier 19

Der Weihnachtsreporter 20

Klärung eines Missverständnisses 25

Winterfreude 26

Warten 32

Weihnachten: Ein Fest der Freude

Poesie 36

Weihnachtsmänner 38

Entstresste Weihnachten 41

Das erste Weihnachtsfest 45

Parodie auf ein Weihnachtslied 48

Die Steuerbeamten 49

Am Anfang war das Wort … 51

Was Ochs und Esel von Betlehem berichten 53

An der Krippe 56

Der Engelchor 58

Schulaufsatz – Wie ich Weihnachten erlebe 61

Das Weihnachtsessen 63

Die Gespräche der Sterndeuter 69

Ein Stern ist aufgegangen 72

Die Gespräche auf dem Weg nach Ägypten 76

Advent: Fröhliche Erwartung

Brauchen wir noch Feiertage,
wenn man an jedem Tag
Zerstreuung haben kann
und viele mit dem Nichts-Tun Mühe haben? –
Wir brauchen sie,
damit wir Mensch sein können!

P. Walter Rupp SJ

Wie schreibt man Advent?

A wie Abhetzen
D wie Dauerstress, dreizehntes Monatsgehalt
V wie Verkaufsoffener Sonntag
E wie Einkaufsbummel
N wie Nervosität
T wie Torschlusspanik

Oder:

A wie Ankunft des Herrn
D wie Denkpause
V wie Vorfreude
E wie Erwartung
N wie Neubesinnung
T wie „Tauet, Himmel, den Gerechten"

HZ

Der Adventskalender

Pünktlich am ersten Wiesensamstag hab ich ihn in irgendeinem Supermarkt entdeckt, den ersten Adventskalender mit dem unvermeidlichen Bild des schlittenfahrenden Weihnachtsmannes. Ich habe nachgerechnet: Neben dem Christstollen, dem Lebkuchen und dem Glühwein ist also der Adventskalender über zwei Monate vor Beginn des Advents auf den Markt gekommen. Ich frage mich, wer ihn jetzt wohl schon kauft? Ist es die Sorge, dass um den ersten Advent alles schon ausverkauft ist und dann allenfalls schon Faschingsartikel zu haben sind oder gar schon die ersten Osterhasen? Was ist wohl der Grund für diese, gerade in den letzten Jahren immer stärker werdende Zeitverschiebung? Ist es eine Angst, etwas zu versäumen, nicht entsprechend vorbereitet zu sein, wenn es dann so weit ist? Sicher zählt die Geduld, das Abwartenkönnen nicht zu den besonderen Tugenden unserer Zeit. Vielleicht hat unsere moderne Welt, in der auf den ersten Blick immer mehr verfügbar ist, es mit sich gebracht, dass man nicht mehr bereit ist, etwas abzuwarten, auf jemanden zu warten, weil man fürchtet, etwas zu versäumen. Die Zeit des Wartens wird lediglich als unangenehm und überflüssig angesehen. Am liebsten würde man von einem Höhepunkt, dem heute sogenannten Highlight, zum nächsten hasten. Übersieht man dabei aber nicht den Eigenwert der Zeit, die vor oder auch nach einem solchen Ereignis liegt? Damit vergisst man sowohl die Vor- als auch die Nachfreude, die manchmal der augenblicklichen Freude durchaus gleichwertig sein kann. Der Name Advent bedeutet ja eigentlich Erwartung, Erwartung des Herrn. Es liegt trotz der oft zitierten Schnelligkeit und Ungeduld unserer Zeit doch immer noch weitgehend an uns, ob wir die Tage und Stunden der Erwartung auch zu etwas Besonderem machen und etwa den Tag, der heute vor uns liegt, mit Leben erfüllen.

HZ

Langsamkeit

Wir heute Lebenden sollten uns um die Entdeckung der Langsamkeit bemühen, da wir unser Leben so beschleunigt haben, als ginge es darum, es möglichst schnell hinter uns zu bringen. Alles um uns herum bewegt sich hektisch.

Schnelligkeit hat einen Nachteil: Sie behindert das Erkennen. Bei Tempo hundert ist die Betrachtung einer Landschaft ausgeschlossen, weil man alle Aufmerksamkeit auf das Lenkrad richten muss. Es macht nur derjenige Entdeckungen, der die Geschwindigkeit drosselt, ja sich zuweilen zwingt, auch länger anzuhalten. Das gilt gleicherweise für die Wissenschaft, die Kunst, die Religion. Entdeckungen drängen sich nicht auf, ihnen gehen jahrelange Forschungen voraus. Literarische Werke entstehen nicht über Nacht, da muss ein Künstler oft Jahre mit Ideen schwanger gehen. Und der Weg zum Glauben war schon bei den Jüngern Jesu ein mühsamer Prozess.

So paradox es klingt: Voran kommt nur, wer entschleunigt. Thomas Bernhard nennt die Übereilung eine der schlimmsten Verrücktheiten dieser Welt. Nichts wird abgewartet. Der Kluge hält sich an den Rat des Jakobusbriefes: „Jeder soll schnell sein im Hören, langsam im Reden und langsam im Zorn." Denn dem, der sich Zeit nimmt, unterlaufen weniger Fehler.

WR

St. Nikolaus

Zu einer Zeit, als es für Bischöfe noch keine Residenzpflicht gab, als sie noch keine Kathedralen, weder einen Ring noch einen Stab noch eine Mitra hatten, sich noch nicht mit „Exzellenz" oder „Hochwürdigster Herr" ansprechen ließen und Rom noch nichts gegen eine Bischofswahl, wo das Volk laut rief: „Den wollen wir zum Bischof!", einzuwenden hatte, da kam es vor, dass ein Heiliger Bischof oder ein Bischof ein Heiliger wurde. So war es jedenfalls bei Bischof Nikolaus.

Seitdem man ihm das Amt des Bischofs übergeben hatte, ging er zu denen, die Hilfe brauchten, und er brachte immer etwas mit. Bald war er nur noch unterwegs. Am wohlsten fühlte er sich auf seinen Reisen bei den Kindern, weil die sich noch über Kleinigkeiten freuen konnten: über einen Apfel, eine Puppe, eine Nuss, ein Bild oder über ein nettes Wort, das er ihnen sagte. Es gefiel ihm, dass ihm die Kinder – im Unterschied zu den Erwachsenen – Fragen stellten: Ob Bischöfe Gott näher stehen als andere Menschen? Warum er so gerne Geschenke austeilt? Was man schenken kann, wenn man selbst arm ist? Warum er das Erzählen von Geschichten dem Katechismusunterricht vorzieht und warum sich Gott nie sehen lässt?

Da Bischof Nikolaus immer weitere Reisen unternahm und immer mehr Gepäck mitnehmen musste, suchte er einen kräftigen jungen Mann, der Lasten tragen konnte. Als sich ein Knecht Ruprecht bei ihm bewarb, nahm er ihn. Er wusste noch nicht, dass dieser Ruprecht wegen seiner Grobheit und seiner schlechten Laune laufend seine Stelle hatte wechseln müssen. Wie sehr ihm Nikolaus auch gut zuredete, Ruprecht änderte sich nicht, sondern begann im Gegenteil an seinem Herrn Kritik zu üben: Er gehe mit den seiner Meinung nach verzogenen und verwöhnten Kindern viel zu mild um. Er lobe, wo es nichts zu loben gebe, und teile sogar noch Geschenke aus. Es sei pädagogisch falsch, Kinder für das zu loben, was selbstverständlich sei: wenn sie ihre Sachen aufräumten, ihre Hausaufgaben machten, ihren Müttern halfen oder pünktlich zu Bett gingen. Ja, er erlaubte sich, seinem Herrn Hätschelpädagogik vorzuwerfen und sagte: „Das Lob verführt zur Selbstzufriedenheit." Er selbst habe eine harte Jugend hinter sich, aber die strenge Erziehung habe ihm nicht geschadet. Man sollte den Kindern klarmachen, dass sie nicht hier, sondern erst im Jenseits ihren Lohn erwarten dürfen. Kinder müssten mit Strenge dazu gebracht werden, ihren Charakter zu verbessern. Nur mit Züchtigungen sei etwas zu erreichen.

Da dachte Bischof Nikolaus zum ersten Mal daran, Knecht Ruprecht zu entlassen. Da er jedoch niemand fand, der die schweren Säcke mit Geschenken tragen wollte, sagte er sich: „Ein mürrischer Knecht, der Lasten trägt, ist besser als ein Diener, der zwar freundlich, aber faul ist." Und er entließ ihn nicht und nahm sich vor, durch seine Güte auszugleichen.

WR

Nikolaus heute

Lieber, guter Nikolaus
such mir schöne Sachen aus
aus dem Kaufhaus-Katalog
mit dem Weihnachtsangebot!
Bring mir doch ein Video;
Videos, die lieb ich so!
Denn ich kann, sooft ich will
den Bud Spencer, Terence Hill
sehen, wie sie prügeln, raufen,
Whisky trinken, sich besaufen.
Und natürlich, bitte sehr,
möchte ich von der Art noch mehr:
Batman, Rambo I und II,
und natürlich nebenbei
Trickfilme – ganz viel zum Lachen,
weil sie lust'ge Dinge machen.
All die Tiere und Figuren,
welche alle nur drauf luren,
dass sie töten, um sich bringen,
sich vergiften, sich verschlingen,
runterschmeißen, platt sich drücken,
sich zerstückeln, beißen, zwicken,
sich bestehlen immerzu.
Richtig fröhlich geht's dort zu.
Bring mir auch Computerspiele,
doch nicht eins nur, sondern viele,
denn da kann ich selbst mitmachen,
lass' es aufeinanderkrachen,

kann erschießen, bombardieren,
alles Leben ausradieren.
Und erst, wenn sich nichts mehr regt,
nicht's Gringste mehr bewegt,
ist das nette Spielen aus.
Bring mir, lieber Nikolaus,
Spiele, die mein Herz erfreun,
ich will weiter artig sein.
Darum nimm auch nicht, ich bitt',
zu mir den Knecht Ruprecht mit,
denn der ist ein rauer Mann,
der mich sehr erschrecken kann,
wenn er mit den Ketten klirrt,
weil mir da ganz bange wird.
Ich hab' Angst vor der Gestalt,
denn ich hasse die Gewalt.
Nikolaus, ich bin bestimmt
ein braves, friedliebendes Kind.
Also, lieber Nikolaus,
bring Fried und Freude in mein Haus!

HZ

Der Weihnachtsunterhalter

Wenn wir in unserem Unternehmen die Nikolausfeier ausgerichtet haben, lief das natürlich immer arg traditionell ab – mit einem Nikolaus und dem Knecht Ruprecht. Der Nikolaus las aus einem goldenen Buch witzige Verse über die höhergestellten Leute vor und dann verteilte der Knecht Ruprecht durchaus kostbare Geschenke an die Herrschaften. Das Ganze hatte den Vorteil, dass es nicht übermäßig teuer war. Denn der Herr Igerl, der früher bei uns gearbeitet hat und jetzt im Ruhestand ist, machte sowohl die Verse als auch den heiligen Nikolaus. Und sein Kegelbruder, der Herr Pfanzelt, ist als Knecht Ruprecht aufgetreten. Ich bin aber der Meinung: Alles zu seiner Zeit! Und weil der Fortschritt sich nicht aufhalten lässt, deswegen haben wir heuer das Programm runderneuert. Unsere Werbeagentur nahm das Ganze in ihre bewährten Hände, und dann ist auch etwas ganz Neues und Exklusives herausgekommen. Diese Agentur hat nämlich sogar ein eigenes Ressort, das nur auf Advents- und Weihnachtsveranstaltungen spezialisiert ist. „Adventina" nennt es sich.

Die Hauptperson des Abends heißt jetzt nicht mehr Nikolaus oder vielleicht sogar Weihnachtsmann, was ja ohnehin kein bayerischer Ausdruck ist. Nein, sie nennt sich jetzt „Weihnachter". Und wissen Sie, wer als Weihnachter aufgetreten ist? Das ist natürlich schon ein echter Glücksgriff, wenn man eine solche Persönlichkeit sozusagen an Land ziehen kann. Stel-

len Sie sich vor, der Weihnachter war niemand Geringerer als der Karl Schlipseder. So ein stilbewusster Mensch hat es natürlich nicht nötig, dass er sich in ein antiquiertes Nikolauskostüm reinzwängt, eine Bischofsmütze auf dem Kopf trägt oder gar irgendeine Perücke aufsetzt und sich einen Bart hinpappt. Nein, der Schlipseder erscheint einfach genauso, wie er ist. Und bei ihm ist alles echt.
Seinen Idefix, oder wie das Viecherl heißt, hatte er natürlich auch dabei. Nein, jetzt hab ich's, Peggy heißt sie. Die war allerdings ein bisserl maskiert oder besser gesagt gestylt, nämlich als Engerl. Aber sehr dezent, wie das halt die Art vom Schlipseder ist. Nicht einmal den Martinsmantel, den er wegen seiner großartigen Verdienste um die Kirche verliehen bekam, hat er in seiner Bescheidenheit angezogen. Bloß seine einfache, selber geschneiderte, unauffällige Kleidung.
Ja, und dann hat der Herr Schlipseder, der ja immerhin ein bedeutender Schriftsteller ist – wahrscheinlich haben Sie schon gelesen, dass er sich einen Bestseller nach dem anderen abringt –, wunderschöne Gedichte aus eigener Feder vorgetragen. Das waren zum Teil richtig stimmungsvolle Wintergedichte, zum Teil handelte es sich um bloße Naturlyrik, die aber ganz meisterhaft Tradition und modernes Problembewusstsein miteinander verband. Es war höchste Zeit, dass unsere Kinder, die ja ohnehin kein einziges Gedicht mehr auswendig kennen und allenfalls nur noch ein paar von diesen modernen Schreiberlingen wie den Böll oder gar den Achternbusch kennen, wieder was Gescheites lernen. Also, meine Hoffnung wäre sogar, dass der Schlipseder, der auch einen guten Draht zu

unserer Regierung hat, weil es sich kein Politiker mehr leisten kann, an einem der größten Söhne des Landes vorbeizugehen, sozusagen wieder für eine literarische Renaissance sorgt. Gerade unser Kultusministerium setzt ja allenthalben auf Innovationen. Wie wär's also, wenn man Schlipseder-Gedichte als Pflicht-Lesestoff in die Schulbücher aufnähme?

Es gibt aber noch einen anderen Weg. Wenn jetzt unsere Grundschüler alle Englisch lernen müssen, dann könnte ich mir sogar vorstellen, dass man die Genialität von dem Schlipseder eventuell auch für den Fremdsprachenunterricht nutzt. Da müsste halt zuerst ein renommierter Übersetzer die Schlipseder-Verse ins Englische übertragen und den Schlipseder müsste man dann ein bisserl anglisieren, vielleicht zu „Slipsy".

Aber zurück zu unserer Weihnachtsfeier. Am Schluss hat der Schlipsi dann doch noch einen Touch von dem alten Brauch hineingebracht, indem er wie ein Krampus die Rute rauszog. Ich meine das natürlich rein symbolisch, denn er hat die Bösewichte psychologisch bestraft, indem er ihnen erst sein Schlipseder-Lied vorgesungen und dann dem Vorstandsvorsitzenden ein sogenanntes Präsent mitgebracht hat: Und das war ein Wochenende mit Schlipsi und Peggy im Big-Brother-Container.

HZ

Weihnachtsfeier

Weil ma christlich san, gibt heuer
wieder unser Weihnachtsfeier.
Freibier und der Sekt san gratis,
essn konn ma, bis ma satt is.
Und beim Nikolaus gibt's nacha
allerweil an Haufa z'lacha.
Der verzählt dir Witz, da wo
i sogar no rot werdn ko.
Dann de Tombola mit Preise
ganz gewaltige, a Reise
gar nach Thailand is dabei.
Warns scho dort? Des lohnt sei fei.
Nachher spuit a Tanzkapelle
heiße Musi und a schnelle,
wo i rumhupf mit meinm Ranzn,
bloß der Christbaum stört beim Tanzn.
Richtig zünfig gehts no zua,
bis um zwoa, drei in der Fruha.
Feierlich werd Schluss gemacht
mit dem Liede „Stille Nacht".
Jede Jahr da is a neuer
Höhepunkt der Weihnachtsfeier,
wenns so würdig is und schee.
Humpa, humpa, tätarä!

HZ

Der Weihnachtsreporter

Reporter: Hallo, unser Wochen-Magazin der „Prügel" startet eine Umfrage zum Thema „Weihnachten". Was fällt Ihnen dazu ein?
Passant: Oh, eine Menge: Christbaum, Kerzen, Kugeln, Lametta, Lebkuchen, Punsch, Weihnachtsmärkte und natürlich „Stille Nacht", dieses wunderschöne Lied, bei dem mir jedes Mal die Tränen kommen.
Reporter: Und wie ist es mit Betlehem?
Passant: Was hat Betlehem mit den Weihnachtsmännern zu tun?
Reporter: Danke!
Und Sie haben Weihnachten sicher schon oft erlebt?
Frau: Mehr als oft, dieses Jahr zum 57. Mal. Aber ehrlich gesagt: Ich bin froh, wenn alles wieder vorbei ist. Es ist zu anstrengend, einen ganzen Abend und die beiden Feiertage freundlich sein zu müssen.
Reporter: Das kann ich verstehen.
Und Sie, ich darf Opa zu Ihnen sagen? Welche Erfahrungen haben Sie mit Weihnachten gemacht?
Opa: Als Kind schrieb ich einen Brief an das Christkind und habe bis heute keine Antwort erhalten *(er lacht)*. Religion – das ist passé.
Reporter: Und wie ist das mit dir? Schreibst du Briefe an das Christkind? Es ist höchste Zeit, es ist schon November.
Mädchen: Nein, ich heiße Eva-Maria und schreibe nur Computer.

Reporter: Ein schöner Name. Weißt du auch, wer Eva, wer Maria war?
Mädchen: Eva Habermann hat 2010 als Buhlschaft bei der Berliner Jedermann-Aufführung mitgespielt, und Maria Simon in dem Film „Zornige Küsse".
Reporter: Aber ich dachte eigentlich an eine andere Maria.
Mädchen: Gibt es noch eine andere Maria?
Reporter: Ja, die aus Nazareth. Ist das dein Bruder?
Junge: Ich glaube nicht an das Christkind. Das ist alles ein Märchen, und ich mag keine Märchen, ich gucke lieber Fernsehen.
Reporter: Hallo, ihr da! Ihr kommt gerade von der Schule und freut euch auf das Weihnachtsfest?
Bub: Freuen ist übertrieben. Weihnachten ist uncool, weil die Discos geschlossen sind. Hoffentlich bekomme ich das neue Smartphone, damit ich das alte Möbel aus dem vergangenen Jahr ausrangieren kann. Aber machen Sie das mal sparsamen Eltern klar, die in einer total rückständigen Welt aufgewachsen sind!
Reporter: Sie sehen aus wie eine Studentin?
Studentin: Sie liegen mit Ihrer Einschätzung ziemlich richtig.
Reporter: Was gefällt Ihnen am Weihnachtsfest?
Studentin: Sagten Sie „gefällt"? Nun, das ganze Drumherum macht Spaß. Aber das Fest ist auf Dauer nicht mehr zu halten.
Reporter: Dann müssen wir wieder wie die alten Germanen Winter-Sonnwende feiern?
Studentin: Man übersieht die seelischen Schäden, die diese religiösen Feiertage anrichten.

Reporter: Sie meinen, man sollte aus den religiösen Feiertagen wieder ganz normale, arbeitsfreie Tage machen, wo die Leute ihre Zeit nicht im Kreis ihrer Familie verbringen müssen, sondern auf Autobahnen unterwegs sind?

Studentin: Ich lasse mich jedenfalls nicht zu diesem kirchlich aufgezwungenen Nachdenken und Beten zwingen.

Reporter: Dieser Herr da scheint nicht einverstanden zu sein.

Herr: Ja, ich muss entschieden widersprechen. Obwohl ich nicht gläubig bin, halte ich die christlichen Feiertage für wichtig. Mir würde etwas fehlen, wenn ich diese Gefühle, die man das ganze Jahr nicht hat, nicht ausleben könnte.

Reporter: Sie haben es eilig, aber erlauben Sie mir trotzdem eine Frage?

Lehrerin: Mich können Sie alles fragen. Ich bin Lehrerin.

Reporter: Erzählen Sie Ihren Kindern die Weihnachtsgeschichte?

Lehrerin: Ich bitte Sie! Was haben Sie für eine Vorstellung von einem modernen Religionsunterricht. Der ist nicht dazu da, die Kinder mit dem christlichen Gedankengut vollzustopfen. Die Kinder sollen jetzt, wo die Welt zusammenwächst, die Weltreligionen kennenlernen.

Reporter: Sie gestalten also jetzt schon das neue Abendland.

Lehrerin: Wir müssen dem zuvorkommen, was nicht aufzuhalten ist.

Reporter: Viel Glück für Ihre moderne Pädagogik! Und Sie, junger Mann, Sie sind bestimmt gläubig?

Junger Mann: Ich gläubig? Wie kommen Sie darauf?
Reporter: Ich dachte, weil Sie an Ihrer Halskette ein Kreuz tragen?
Junger Mann: Ach, wegen dieses Schmuckstückes. Ein Geschenk zu meiner Firmung. Eine Erinnerung, die weiter nichts bedeutet.
Reporter: Und Sie da, sind Sie Christ?
Fußgänger: Wie soll ich mich bezeichnen? Ich räume eben in meiner Biografie mit meiner katholischen Vergangenheit auf. Nennen Sie mich einen katholischen Heiden. Ich habe nichts gegen Weihrauch, Kerzen und Gewänder, das macht unsere so kahle Welt etwas bunter. Aber alles andere können Sie vergessen.
Reporter: Sie, junges Ehepaar, was halten Sie von Weihnachten?
Junges Paar: So ein Fest tut unserer Familie gut, vor allem unserer Kleinen. Sie soll, solange sie noch glauben kann, ihre Freude am Christkind haben. Uns jedenfalls hat der Glaube in unserer Kindheit nicht geschadet.
Reporter: Sie kommen eben vom Christkindlmarkt?
Junges Paar: Das lassen wir uns niemals nehmen. Diese Atmosphäre – da kann man sich vorstellen, was Himmel ist.
Reporter: Sie sind also doch nicht ganz ungläubig.
Junges Paar: An Gott glauben wir nicht, aber an die Engel.
Reporter: Und Sie da drüben, Sie sind Mutter dieser beiden netten Kinder?
Mutter: Ich bin alleinerziehende Mutter, weil der Vater seine Aufgabe mit der Erzeugung dieser Kinder als erfüllt angesehen hat. Ich habe die ganze Adventszeit

DER WEIHNACHTSREPORTER

vergeblich nach dem Geschenk gesucht, mit dem man Kinder so beschäftigten kann, dass sie nicht ständig ihre Mutter brauchen.
Reporter: Sie kommen aus Österreich? Liege ich da richtig?
Österreicher: Sie liegen richtig.
Reporter: Darf ich Ihnen eine persönliche Frage stellen? Besuchen Sie an Weihnachten die Mitternachtsmette?
Österreicher: Die versäumen wir nie, weil wir das „Stille Nacht" auf der Orgel hören möchten. Diese unbeschreibliche Melodie. Wir Österreicher sind stolz, dass wir mit diesem Lied die ganze Welt bereichern konnten. Es ist nun einmal unser Exportartikel Nummer eins.
Reporter: Herr Pfarrer, wie gut, dass ich Sie gerade treffe. Für Sie bedeutet Weihnachten sicher Stress.
Pfarrer: Das kann man sagen. Da muss mir eine Predigt gelingen, bei der ich so über Gott spreche, dass die Ungläubigen keinen Anstoß daran nehmen, die Gläubigen sich ihres Christseins nicht schämen, ich die vielen, die eigentlich nicht wissen, warum sie gekommen sind, zum Weinen bringe, die Kinder leuchtende Augen bekommen und die Jugendlichen die Erfahrung mitnehmen, dass es möglich ist, sich auch ohne Pop- und Rockmusik, Nebelmaschinen und Lichtorgeln einmal nicht zu langweilen.
Reporter: Das haben Sie gut gesagt. Danke!

WR

Klärung eines Missverständnisses

Religionslehrer: Am 24. Dezember feiern die Christen Christi Geburt.
Jugendlicher: Ich dachte, da feiert man Weihnachten.
Religionslehrer: Ja, darin besteht die Bedeutung von Weihnachten: Es ist das Fest der Geburt Christi!
Jugendlicher: Er ist also der Weihnachtsmann?
Religionslehrer: Wie kommst du darauf? Der Weihnachtsmann kommt aus Amerika.
Jugendlicher: Und dieser Christus?
Religionslehrer: Er kommt aus Betlehem.
Jugendlicher: Dann gibt es also zwei Weihnachtsmänner, am gleichen Tag? Einer würde doch genügen.
Religionslehrer: Man wird den einen nicht verdrängen können, weil er Geschäftsmann ist, und den andern nicht, weil man Propheten nicht einfach vergessen machen kann.
Jugendlicher: Aber diese beiden passen doch gar nicht zusammen!
Religionslehrer: Dennoch wird es immer zwei Weihnachtsmänner geben! Weil es immer die einen und immer die anderen gibt: die Menschen, die glauben, dass das Heil aus dem nahen Osten, und die vielen anderen, dass es aus dem wilden Westen kommt!

WR

Winterfreude

„Entsetzlich", murmelte Alfons Igerl, als er Weihnachten einen kleinen Gang durch die Münchner Innenstadt machte. „Bei der Hetzerei und Drängerei zwengs dem Weihnachtsgschenkerkauf könnt einem gleich ganz anders werden. Ich bin überzeugt, dass das heilige Paar, wenn's des erleben würde, nicht die Flucht nach Ägypten, sondern vor Weihnachten angetreten hätte", grantelte er weiter.

Dabei hatte er sich so gefreut, als heute Nachmittag die ersten Flocken gefallen waren und er sich wieder einmal in seine Kindheit zurückträumen konnte. Er dachte an seine ersten Schneeballschlachten, an den kleinen Hügel in der nahe gelegenen Wiese, wo sie auf dem Hosenboden heruntergerutscht waren, wo sie die ersten Schneemänner gebaut hatten. Er dachte auch daran, wie sie der Scherm-Mausi immer einen Schneeball in den Kragen gesteckt hatten, bis sich dann ihr älterer Bruder rächte und sie fürchterlich einrieb.

Und dann fiel dem Alfons ein, wie er damals seine ersten Skier – seinerzeit sagte jeder einfach „Brettl" dazu – zum Christkindl bekam. Einen Freudenschrei hat er ausgestoßen, als sie unter dem Christbaum lagen. Er sah sie noch ganz genau vor sich mit ihrer „Riemerlbindung". Wenn er da an eine moderne Skiausrüstung von heute dachte! Bestimmt hatte er aber mit diesen vorsintflutlichen Exemplaren, die ihm das Christkindl eigenhändig geschenkt hatte und wo er die Bindung –

also die Riemen – noch selber verstellen musste, weil das früher noch nicht der Skiservice vom Sporthaus besorgte, genauso viel Spaß wie die Kinder heute mit ihren Carving-Skiern. Es war ihm noch lebhaft in Erinnerung, wie er sie seinerzeit einweihte, als er in den Ferien den Onkel Hans in Eschenlohe besuchen durfte. Auch wenn es ihn – wie er noch genau wusste – ein paar Mal so geschmissen hatte, dass er am nächsten Tag beinahe auf ein Tauschangebot seines Freundes, des immer schon schlauen Pfanzelt-Maxe, eingegangen wäre. Der hätte sie ihm á la Hans im Glück gegen einen geflickten Autoreifen umtauschen wollen, den er in den buntesten Farben als das Nonplusultra für alle möglichen Gelegenheiten anpries.

Durch den Rempler eines vorbeihastenden und weihnachtspaketvollbepackten Passanten wurde der Alfons jäh aus seinen nostalgischen Träumereien gerissen. Kopfschüttelnd beendete er seine vorweihnachtliche Exkursion in die Innenstadt und quetschte sich in eine voll besetzte U-Bahn.

„O mei", murmelte er an diesem Abend beim Einschlafen, „was ist bloß aus unserm gemütlichen München geworden?" Eine überfüllte Stadt, große Menschenansammlungen und Massenkundgebungen waren für den Alfons immer etwas Entsetzliches gewesen. Trotz aller Liebe zur Gleichheit der Menschen lehnte er nämlich den Gleichschritt ab, weil der meistens in die verkehrte Richtung geht. „Obwohl", murmelte er gähnend, „jeder von uns doch eigentlich eine Einzelanfertigung wäre, sind wir immer mehr zum Massenartikel geworden. Je mehr Leut desselbe tun, desto weniger tun's eigentlich", überlegte er.

Und er beschloss, mehr denn je ein Individualist zu bleiben, der wenigstens seine Zeit noch eigenhändig totschlägt.

Und so reifte in den letzten Sekunden seines Wachseins an diesem Abend der Plan, wieder einmal seine Brettl vom Speicher zu holen und am Wochenende in die Bergeseinsamkeit zum Skifahren zu entfliehen. Gesagt – getan. Bei seinem vorweihnachtlichen Stadtbummel hatte er zufällig etwas von einem Skiausflug auf die Zugspitze gelesen. Er fuhr am nächsten Tag gleich hin und meldete sich an. Am Samstag war es dann so weit. Der Bus ging vom Stiglmaierplatz ab. Obwohl er rechtzeitig eine halbe Stunde vor der Abfahrt da war, gab es keinen einzigen freien Sitzplatz mehr. Er musste sich auf einen Notsitz pressen, wo er nur mit einer Hälfte seines Hinterteils Platz fand. Dieses Martyrium wurde erträglich in der Vorfreude auf das nun zu erwartende Naturerlebnis.

Dieses ließ aber noch einige Zeit auf sich warten, denn als sie nach mehrstündigem Stau auf der Autobahn nach Garmisch in der Nähe des Zielortes anlangten, waren die Parkplätze bereits so voll besetzt, dass der Busfahrer umdisponierte und ein entfernteres Skigebiet ansteuerte. Aber auch dort gelang es ihm erst nach längeren Verhandlungen und allen möglichen Tricks, noch einen Abstellplatz für den Bus zu bekommen. Dann endlich ging's los.

Die Naturfreunde des Igerl-Busses stürmten – ebenso wie die der Nachbarfahrzeuge aus allen möglichen Landesteilen – auf einen Weg, der zum Skilift führte. „Der ist bequem in ein paar Minuten zu erreichen", hatte ihnen der Fahrer zugerufen. Daraus wurde aber nichts, denn auf dem Weg drängte und schob man, dass es eine wahre Freude war.

Endlich war das Ziel erreicht. Der Alfons stellte sich eine Dreiviertelstunde an und erwarb sich einen Tagesskipass, der ihm als besonders preiswert empfohlen worden war, weil er da so oft, wie er wollte, mit dem Lift fahren könne. Um aber nur ein paar Mal fahren zu können, hätte der Tag mindestens fünfzig Stunden haben müssen, denn vor dem Sessellift stand wiederum eine kilometerlange Schlange. Nach einer halben Stunde Wartezeit konnte er dann doch einen Liftsessel ergattern und ließ sich auf den Sattel der sogenannten „Abfahrt" hinaufbefördern. Ja, es war wirklich nur eine Abfahrt, denn über die Skipiste quoll eine unendliche Masse von Skifreunden. Da war außer ein paar Rutschern nichts drin. So entschloss sich der Alfons nach relativ kurzer Zeit, weil ihn inzwischen ein Mordskohldampf und ein riesiger Durst plagten, dem Richtungszeiger „Enzianhütte" nachzugehen, wo er sich in der Rückerinnerung an verflossene Jugendjahre ein Skiwasser und eine zünftige Brotzeit genehmigen wollte.

Die Enzianhütte war aber vor einem Jahr im Stile eines der modernen Fast-Food-Lokale umgebaut worden. Statt der erwarteten zünftigen Brotzeit gab es als Einheitsschmaus „Gamsspitz-Burger", und das Skiwasser, das hier oben „Energizer" hieß, konnte man von einem Automaten aus in ein Glas laufen lassen.

Freilich war es eigentlich auch kein „Schnellrestaurant". Denn aufgrund der in dem Raum herrschenden Platznot musste Igerl zunächst einmal eine halbe Stunde warten, ehe er sich zusammen mit ein paar anderen Naturfreunden an einen von den Vorgängern völlig verschmuddelten Plastiktisch quetschen konnte. Als er dann – und das war das einzig Schnelle in diesem Restaurant – seinen „Burger" mithilfe des „Energizers" in Windeseile hinuntergeschwappt hatte, weil die nächsten Hüttenbesucher schon an seinem Stuhl rüttelten, kriegte er beim Blick auf die Uhr fast einen Herzkasperl. „Um Himmels willen", stellte er fest, „es ist ja schon viere." Um 16.45 Uhr war aber die Abfahrt des Busses angesetzt.

Igerl lud sich seine Brettl auf den Buckel und drängte sich, so schnell er nur konnte, in der ebenfalls zur Bushaltestelle brodelnden Rückflutbewegung weiter. In letzter Minute erreichte er schwer atmend sein Ziel. Es hätte aber gar nicht so pressiert, denn der Busfahrer hatte, weil er ja unvorschriftsmäßig parkte, seinen Platz räumen müssen. Igerl musste sich also in der Reihe der Wartenden noch ein gutes Stünderl die Beine in den Bauch stehen, bis der Fahrer endlich, über die Rücksichtslosigkeit seiner Kollegen schimpfend, daherkam. Dieses Mal war der Notsitz allerdings auch belegt.

Und als dann der Bus nach diversen Staus und einer Fahrzeit von mehreren Stunden, inklusive einer Imbisspause in einem wiederum völlig überfüllten Lokal, mit dem das Busunternehmen irgendwie vertraglich in Verbindung stand, gegen neun Uhr abends zurückkehrte, machte Igerl noch einen kurzen Abstecher zu seinem Stammtisch ins Volkarteck, wo seine Spezln ihn schon mit Hallo begrüßten.

„Und, wie war's, du alter Pistenstier?", frotzelte ihn der Pfanzelt-Maxe. „Hast dich jetzt für die nächste Winterolympiade im Abfahrtslauf qualifiziert?"

„Jaja, is' schon recht", murmelte der Alfons. „So wie früher geht's natürlich nimmer, aber das Allerwichtigste an dem Tag war für mich als Naturliebhaber und Individualist, dass ich endlich einmal rausgekommen bin aus dem Gewurle von unserer Großstadt."

HZ

Warten

Wenn doch schon Weihnachten wäre!
Dieses Nachdenken-Müssen! Jeden Tag dieses Fragen:
Was sollten wir noch zusammentragen,
für die Stimmung und das Wohlfühlgefühl
    an den Feiertagen?
Ich denke nur noch: Was sollten die Meinen
    noch haben?
Wie kann ich sie überraschen?
Letztes Jahr lag ich mit meinen Geschenken daneben.
Alle waren sauer, das möchte ich nicht noch einmal
    erleben.
Aber wie die Wünsche erraten?
Die Tochter mag keine Bücher! Lesen ödet sie an.
Und der Sohn war, das hatte ich leider vergessen,
auf die Stereoanlage mit dem doppelten
    Schallvolumen versessen.

Ich hasse das Hetzen und das Geschiebe.
In den Kaufhäusern, den Bussen, der Fußgängerzone,
das Schleppen der Tüten, den Andrang an den Kassen,
die Musik aus der Konserve, die überfüllten Straßen.

Heute war die 13. Weihnachtsfeier.
Morgen gehe ich zu den Keglern, dann zu den Seglern,
danach in die Firma, dann in das Pfarrheim,
und am Wochenende zum Sparkassenverein.

Mal ökumenisch, mal völkerverbindend, multikulturell,
mal mit einer Christstollenprobe, mit Plätzchen
    und Glühwein,
mal mit Kollegen, mal mit wirklichen Freunden
    oder dem Pastor,
mal mit Kaffee, mit Weihnachtsliedern und
    einem Gospelchor.
Immer mit der schlecht abgelesenen Rede
vom vergangenen Jahr, über die kalte, herzlose Welt,
dass wir doch alle irgendwie Brüder sind,
uns jedenfalls wohlfühlen sollen,
trotzdem und wenigstens einmal im Jahr.

WR

Der Wunschzettel

Ich wünsch' mir einen langen Tag,
ganz ohne alle Uhren,
und auch Erwachsene,
die nicht stets auf Termine luren.
Ich wünsch' mir Papa mit viel Zeit
für mich und meine Fragen
und dass Erwachsene nicht so oft
nur jammern oder klagen.
Ich wünsch' mir, dass man mich mal fragt,
warum ich manchmal weine.
Ich wünsch' mir, dass man mir mal sagt:
„Ich mag dich, meine Kleine!"
Ich wünsch mir, dass man nicht stets mahnt:
„Nicht jetzt doch, denk an später!"
Ich wünsch mir, dass ich ich sein darf
und nicht ein „man" und „jeder".
Ich wünsch' mir Lehrer mit Humor
und solche, die gern lachen.
Dass ich nicht nur gescheit sein muss,
mal träumen darf im Wachen.
Frohe Gesichter um mich rum,
die nicht im Alter rosten.
Bekomm'die Wünsche ich erfüllt?
Wohl kaum, weil sie nichts kosten.

HZ

Weihnachten: Ein Fest der Freude

Wenn Jesus heute käme,
könnte er sich nicht mehr erlauben,
in einem Stall als Knabe auf die Welt zu kommen.
Im Zeitalter des Feminismus
müsste er als Jesusmädchen
in einem Goldgewand
feierlich in einen Christkindlmarkt
von Betlehem einziehen.w

P. Walter Rupp SJ

Poesie

Ein Kachelofen hat etwas Poetisches an sich, weil er nicht nur Wärme, sondern auch Behaglichkeit ausstrahlt. Dampfheizungen dagegen erhöhen nur die Temperatur der Räume.

Kerzen sind poetisch, weil sie mit dem Licht, das sie spenden, auch eine festliche Stimmung verbreiten. Neonleuchten leuchten zwar heller, aber ihre Helligkeit ist kalt.

Ein Segelflieger ist poetisch. Wenn er, lautlos wie ein Vogel, in den Lüften kreist, hat man den Eindruck, dass er zur Natur gehört. Einem Düsen-Jet sieht man trotz seines schnittigen Designs an, dass er nur ein Beförderungsmittel ist.

Eine Kutsche ist poetisch, weil sie zum Nachdenken und Träumen einlädt und die Erinnerung an Zeiten weckt, wo man noch Zeit hatte. Das gilt für moderne Automobile nicht, weil sie es immer eilig haben.

Briefe können – vor allem wenn sie handgeschrieben sind – poetisch sein, weil der Briefeschreiber darin gegenwärtig ist, was man von einer Mail nicht sagen kann.

Weihnachten würde an Bedeutung nichts verlieren, wenn wir keine Christbäume schmücken und ohne Kugeln, Punsch und Lametta feiern würden. Nur sollten wir darauf achten, dass wir mit dem Entbehrlichen und Überflüssigen auch das Ästhetische und Poetische und das, was einen geheimnisvollen Zauber an sich hat, aus unserem Leben vertreiben, nur weil die moderne Welt Sachlichkeit verlangt. Würden wir uns nur mit Gebrauchsgegenständen und dem, was notwendig oder nützlich ist, umgeben: mit Sach- und Fachliteratur, mit Laptops und iPods, und die alten und vertrauten Dinge durch immer perfektere ersetzen, unsere nüchterne und kalte Welt würde dann noch nüchterner und kälter. Poesie und Schmuck schützen uns davor, dass unser geschäftiger, auf Zweckmäßigkeit ausgerichteter Alltag nicht noch stumpfsinniger und öder wird.

WR

Weihnachtsmänner

Was bisher noch nie gelungen
weder Schweden noch den Hunnen,
nicht einmal der Preußen Schar,
was noch niemals möglich war,
Bayern in Besitz zu bringen,
scheint seit Neuem zu gelingen:
ab Oktober roten Heeren,
die sich jedes Jahr vermehren,
gleich ob sie in rauen Mengen
an den Häuserwänden hängen.
An den Wegen, Straßen, Ecken,
stetig sind sie zu entdecken,
pausbackig und rotgewandet:
Um den Weihnachtsmann sich's handelt.

In der Bibel kann man lesen,
wie es seinerzeit gewesen:
Vor Herodes musste fliehen
Josef, nach Ägypten ziehen.
Würde er noch heute leben,
hätt's 'nen andren Grund gegeben.
Mit dem Kinde flöh' er dann
vor dem roten Weihnachtsmann.

Der Mühlhiasl einst prophezeite:
„Bald beginnt die große Pleite,
unsere Welt wird untergehen.
Doch ihr sollt die Zeichen sehen.

Wenn im Winter rote Massen
strömen durch der Städte Gassen
und an Wänden rote Flecken
überall du kannst entdecken
durch der Weihnachtsmänner Herde,
dann ist nah das End' der Erde."

Ich hab bisher angenommen:
Wenn wir in den Himmel kommen,
würde Petrus an dem Orte
uns empfangen an der Pforte.
Doch, sollt' es so weitergehen,
werden wir da droben sehen
statt dem heilgen Petrus dann
einen roten Weihnachtsmann.

Jeder outet sich, bekennt:
„Hab vom Partner mich getrennt.
Ja, so ist's nun mal im Leben,
denn mein Herz ist neu vergeben."
Wer ist jetzt als Partner dran?
Na, wer schon? Der Weihnachtsmann.

Sollte man beim FC Bayern
länger keinen Sieg mehr feiern.
Ob der großen Toreflaute,
Bayern dann 'nen Scout betraute:
„Finanziell ist keine Not.
D'Hauptsach ist, er ist sehr rot."
Würd' er fündig, träte an
Bayern mit dem Weihnachtsmann.

Der Mühlhiasl einst prophezeite:
„Bald beginnt die große Pleite,
unsere Welt wird untergehen.
Doch ihr sollt die Zeichen sehen.
Wenn im Winter rote Massen
strömen durch der Städte Gassen
und an Wänden rote Flecken
überall du kannst entdecken
durch der Weihnachtsmänner Herde,
dann ist nah das End' der Erde."

HZ

Entstresste Weihnachten

Wie oft hört man heute die Klage über den Weihnachtsstress und vernimmt den Seufzer: „Mein Gott, bin ich froh, wenn dieser Tag wieder vorbei ist!" Man erinnert sich an so manche Weihnachtstage. In der Früh hat man noch schnell beim Metzger die bestellten Weißwürste oder auch die Weihnachtsgans geholt und dazu natürlich beim Bäcker die Brezen besorgt. Vielleicht stellte man fest, dass die Zutaten für den zu brauenden Punsch noch fehlen, und hat sicherheitshalber, falls die alten nicht mehr zünden sollten, ein paar Wunderkerzen gekauft. Dann ging es ab in den Friedhof, wo man noch ein kleines Bäumchen ans Grab stellen wollte. Nun galt es den Christbaum aufzustellen. Oh ja, wo war denn jetzt wieder der Christbaumständer? Die Zeit war weit vorangeschritten, ehe man die Geschenke zusammensuchte, womöglich noch einpapierlte und unter dem Christbaum verteilte.

Jetzt ging es an die letzten Vorbereitungen fürs Festmahl und das Kochen des Punsches. Jedes Jahr hatte man sich vorgenommen, dieses Mal die Bescherung früher zu machen, um sie genießen zu können. Doch blieb dann wirklich nur ganz kurz Zeit, den Christbaum anzuzünden, zur Bescherung das Glöckchen zu läuten, die Geschenke anzuschauen und womöglich sogar noch ein Weihnachtslied zu singen. Total abgehetzt raste man zur Christmette, wo man erschöpft schon während der Predigt einschlief. Hektik, Stress! Kann das der Sinn eines so schönen Festes wie Weihnachten sein? Höchste Zeit, dass sich da im Zeitalter des Forstschritts und des Internets endlich ein Christmas-Event-Entstress-Consulting bildet, das uns seine Dienste anbietet.

Die Grundidee ist nichts Neues. Sie heißt Dezentralisieren. Was das bedeutet? Zunächst den Heiligen Abend über mehrere Wochen vor diesem zu verteilen. Unsere Supermärkte sind ja nun schon seit Jahren bemüht, uns weihnachtliches Zubehör bereits in der letzten Oktoberfestwoche zu liefern: wie Lebkuchen, Christstollen, Zimtsterne, aber auch Christbaumkugeln, Weihnachtsbeleuchtung usw. Natürlich finden Weihnachtsmärkte immer früher statt und der Christbaumverkauf beginnt ebenfalls bereits im November – was bedeutet, dass, wenn die letzten Blätter von den Bäumen abgefallen sind, auch der Christbaum bereits entnadelt ist. In den bereits ab Mitte November stattfindenden Weihnachtslesungen ist es Usus, schon ein Christbäumchen aufzustellen und zum Schluss der Lesung der Heiligen Nacht „Stille Nacht, heilige Nacht" zu singen. Vorm Rathaus und bei diversen Kripperlmärkten erklingen ebenfalls spätestes vier Wochen vorm Christfest die von Live-Aborigines aus dem Voralpenland stündlich gesungenen Aufforderungen: „Lasst uns froh und munter sein, denn heut ist Heiligabend da"! Man sieht, unsere christmaskonsumfreundliche Wirtschaft tut alles, um den Heiligen Abend zu entzerren, ihn auf kleine Häppchen aufzuteilen, um uns eine ungesunde Konzentration auf den einen Abend zu ersparen.

Wer aber traditionsbewusst nicht auf die Christmas-Konzentration am Heiligen Abend verzichten will, für den gibt es seit Neuestem ebenfalls großartige Möglichkeiten, dem Self-Doing-Stress zu entfliehen. Ein neu eingerichteter Christbaum-Service liefert bis zur späten Stunde herrlich geschmückte künstliche Weihnachtsbäume „Made in Hongkong" jeder Größe ins Haus. Der Special-Christmas-Dinner-Caterer bietet alle Möglichkeiten eines Festessens frei Haus an. Ob Fleischesser, Vegetarier oder Veganer – für jeden ist gesorgt: von dem traditionellen Gansbraten bis hin zu echt Münchner Tofu-Weißwürsten. Selbstverständlich wird jede Art von hochprozentigem Weihnachtspunsch bis zum alkoholfreien Kinderglühwein geliefert.

Das Neueste aber ist der Christmas-Viewing-Service. Für den Abend aber auch die Tage danach baut dieser mittels modernster Stereo- und 3D-Technik Ihr Zimmer so aus, dass Sie sich mittels Knopfdruck nach Wunsch in die Schar der Hirten, die Gefolgschaft der Heiligen Drei Könige, ja sogar in die das Heil verkündenden Engel virtuell einreihen können. Ein solches Engagement bei den himmlischen Heerscharen ist natürlich ein anderes Erlebnis, als wenn Sie in der Christmette in St. Hedwig zusammen mit dem Haderner Viergesang „Es ist ein Ros entsprungen" mitsingen dürfen. Was die Geschenke anbetrifft: Unter dem Baum wird der Computer aufgestellt, an dem jeder für die festgesetzte Geschenksumme seine individuellen Wünsche automatisch durch einen Klick auf den „Bezahlen"-Button erfüllen kann. Ich bin sicher, dass uns jedes Jahr neue Möglichkeiten geboten werden, wie wir uns aus dem anstrengenden und stressigen Self-Celebration-Druck befreien können.

Nun mag sich der eine oder andere fragen, wie wir einen solchen nun entstressten Heiligen Abend zu Ende bringen? Da gibt es natürlich eine ganze Reihe von Alternativen: wie das Basteln von Luftschlangen und Konfetti bzw. eine Generalprobe mit den Feuerwerksraketen für Silvester. Oder eine ganz revolutionäre Idee: Lesen aus einem alten Hausbuch, Geschichten über: „Weihnachten wie es früher war."

HZ

Das erste Weihnachtsfest

Schon beim ersten Weihnachtsfest ging es allerorten hektisch zu. Niemand nahm sich Zeit für die Beschaulichkeit. Die Schriftgelehrten und Pharisäer in Jerusalem waren damit beschäftigt, Maßnahmen gegen die Massenbewegung zu treffen, die der Bußprediger am Jordan ausgelöst hatte. Die Hirten auf den Feldern von Betlehem hatten Mühe, ihre Schafe, die unruhig geworden waren, zusammenzuhalten. An allen Orten hatte die römische Provinzbehörde Registrierstationen errichten lassen, vor denen jeder Bewohner seinen Stammbaum nachzuweisen hatte. Die Leute in der ganzen römischen Provinz machten sich seit dem Erlass des Kaisers Sorgen um die Papiere, die sie für den Eintrag in die Steuerlisten brauchten. Als dann am Himmel ein Komet erschien und seine Kreise zog, wurde die Nervosität unerträglich. Jeder wollte wissen, was das zu bedeuten habe. Im Volk hielt sich hartnäckig das Gerücht: Der Komet, der über Betlehem stehen geblieben sei, deute mit seinem Schweif auf einen abgelegenen Stall. Die Astrologen am Hof des Herodes sahen sich deshalb veranlasst, im ganzen Land bekannt zu geben, ihren Berechnungen zufolge stehe der Komet genau über Jerusalem und zeige mit seinem Schweif auf den Palast des Königs. Das sei ein Beweis dafür, dass die Vorsehung mit ihm ist. König Herodes war am Morgen des 24. Dezember besonders stark erregt. Er hatte den Kommandanten seiner Leibwache kommen lassen, um ihm zu sagen, dass er ein neues Zeitalter mit einer neuen Zeitrechnung einführen werde, das mit dem Jahr Null beginnen soll. Dies sei eine Entscheidung von einer historischen Dimension. So werde der davidschen Herrschaft für immer ein Ende gesetzt und die herodianische Herrschaft für immer gesichert. Im Zuge dieser Neuordnung ordne er an, dass alle Knaben, die das zweite Lebensjahr noch nicht erreicht haben, noch heute getötet werden. Bis zum Abend des 24. Dezember dürfe in seinem Herrschaftsgebiet kein neugeborener Knabe mehr am Leben sein. Ein weitschauender und verantwortungsbewusster Staatsmann müsse nun einmal das Wohl des Staates über die Interessen des Einzelnen stellen.

Dieser Befehl sei, fügte er hinzu, als er merkte, dass der Kommandant erschrak, ein ehrenvoller Auftrag, den er nur dem anvertraue, auf den er sich verlassen könne. Es sei leider unvermeidbar, dass man sich damit bei allen Müttern des Landes verhasst mache. Man müsse auch damit rechnen, dass mancher Soldat, der auf dem Schlachtfeld ohne Zaudern töten könne, beim Anblick weinender Mütter weich werde. Er erwarte jedoch von seinen Soldaten, die ihm den Treueid geschworen hätten, dass sie diesen Befehl widerspruchslos ausführen und sich von Sentimentalitäten nicht beirren lassen. Auch er empfinde mit den Müttern seines Landes mit, die durch diese Maßnahme ein Kind verlieren. Er sei schließlich kein Unmensch. Aber er dürfe im Interesse seiner Untertanen nicht zulassen, dass irgendwann einmal ein Spross aus dem Hause Davids wieder die Herrschaft an sich reißt. Dann sagte er, bevor er den Kommandanten entließ, in einem Ton, der keinen Widerspruch zulässt: „Kein Knabe darf überleben, nicht ein Einziger. Die Panne, wie sie der Pharao erlebte, dass ausgerechnet ein Moses, der auf dem Nil ausgesetzt worden war, gerettet wurde, darf sich nicht noch einmal wiederholen!"

WR

Parodie auf ein Weihnachtslied

Wie still war die heilige Nacht?
Unterdrückten Maria und Josef wortlos ihren Unmut,
dass sie in keiner Herberge Aufnahme fanden?
Kamen die Herden schweigend zum Stall?
Blökte kein Schaf und bellte kein Hund?
Standen Ochs und Esel stumm neben der Krippe?
Schauten die Hirten nur, ohne zu reden?
Stellte niemand Fragen an die Mutter, den Vater?
Wunderte sich keiner über den Stern mit dem Schweif?
Schwebte der Engelchor geräuschlos hernieder
und sang er lautlos das „Ehre sei Gott"?
Waren die Lichter im Palast des Herodes
wirklich erloschen?
Seine Gelage waren doch laut und dauerten
bis zum Morgen.
Lachte der holde Knabe im lockigen Haar,
obwohl Kinder nach ihrer Geburt heftig weinen?
Er wurde doch den Menschen gleich, in allem,
oder nicht?
Wer erkannte das Kind als den Retter der Welt?
Er hatte ja noch keine Parabel erzählt
und noch keine Wunder gewirkt.
Gab es die Zweifler damals noch nicht?
Oder war dem Kind anzusehen,
dass es Gottes Sohn ist?

WR

Die Steuerbeamten

Seitdem Kaiser Augustus den Befehl erlassen hatte, alle Bewohner des römischen Reiches zu erfassen und in Steuerlisten einzutragen, waren die Steuerbeamten eifrig bemüht, ihre Pflicht zu tun. Sie wollten nicht der Nachlässigkeit bezichtigt werden und sich vorwerfen lassen, sie hätten einen Steuerzahler nicht erfasst. Sie wussten, dass sich der Staat eine Nachlässigkeit im finanziellen Sektor nie gefallen lässt und sie härter bestraft als jedes andere Vergehen.

Die Leute, denen die kaiserliche Anordnung gar nicht gefiel, gaben sich keine Mühe, ihre Verärgerung darüber zu unterdrücken. Sie sagten den Steuerbeamten ins Gesicht, was sie dem Kaiser nicht sagen konnten: Warum man Menschen zähle wie ein Hirte seine Schafe? Was denn daran schlimm wäre, wenn man die Menschen nicht in Aktenordnern erfasse und nicht registriere? Manche fragten, was denn ein Kaiser davon habe, wenn er wisse, wie viele Menschen es auf dem ganzen Erdkreis gibt, und was er wüsste, wenn er wisse, dass mehr Römer als Juden oder Griechen darunter sind? Manche erlaubten sich die Frage, ob er etwa wieder einen Feldzug plane und wissen wolle, aus wie vielen Menschen man Soldaten machen könne? Viele gaben den Steuerbeamten den guten Rat, das Zählen zu unterlassen, weil die Zahlen, ehe sie in Rom beim Kaiser ankämen, doch nicht mehr stimmen würden.

Die Steuerbeamten mochten noch sooft beteuern, dass sie diesen Befehl mit den Steuerlisten nicht gegeben hätten und nur ausführten, was man ihnen aufgetragen habe: Die Leute fragten weiter, was man denn dagegen unternehmen wolle, wenn Kinder unbemerkt geboren würden oder einer so schnell ins Jenseits abberufen werde, dass ihm keine Zeit mehr bliebe, sich in Rom abzumelden. Ja, sie sagten: Was weiß ein Kaiser schon vom Menschen, wenn er die Zahl der Menschen kennt; weiß er, wie viele Nieten darunter sind? Da verbaten sich die Steuerbeamten, dass man sie beleidige. Und als dann einer spöttisch bemerkte: „Vielleicht ist der schon unter uns, der den Kaiser einmal von seinem Thron verdrängt", traten Wachsoldaten auf ihn zu und baten ihn, er möge ihnen unauffällig folgen.

WR

Am Anfang war das Wort ...

„Am Anfang war das Wort ..." So beginnt bekanntlich das Evangelium des heiligen Johannes. Spielt dieses Wort „Wort" heute im Getriebe und Lärm der Zeit noch eine große Rolle? Bestimmt da, wenn Eltern stolz das erste Wort ihres Kindes registrieren, das in der Regel „Mama" heißt. Auch vom letzten Wort ist manchmal die Rede, vielleicht sogar scherzhaft, wenn man feststellt, dass jener immer das „letzte Wort" haben will. Worte können auch ein Sprichwort und Redewendungen sein wie: „ich gebe dir mein Wort", „er (sie) steht zu seinem (ihrem) Wort", „sein Wort halten" und so weiter. Ein besonderes Wort ist in diesem Sinne das Jawort, das sich die Eheleute für ihr Leben geben. Wort steht also häufig für Treue, Zuverlässigkeit. Es gibt aber auch andere Worte z. B. das Schlagwort, das sehr stark modeabhängig ist und keine lange Besinnung zulassen möchte. Dass Worte eine politische Bedeutung haben können, wusste schon Konfuzius, der meinte, dass wer die entsprechenden Worte in Besitz nimmt, die Macht hat. Leider mussten wir auch in Deutschland während der NS-Zeit erleben, wie man manche Worte politisch missbrauchte, indem man sie zu Propaganda-Worten machte.

Oft ist es gar nicht leicht, das „rechte Wort" zu finden, und manchmal geht uns sogar ein Schimpfwort leichter von den Lippen als ein gutes, ein aufmunterndes, ein versöhnendes oder ein Dankeswort. Aber es lohnt sich, sich öfter auf die Suche nach dem rechten Wort zu begeben. Schon deshalb, weil es halt immer wieder schön ist, eine nette Antwort zu bekommen.

HZ

WEIHNACHTEN: EIN FEST DER FREUDE

Was Ochs und Esel von Betlehem berichten

Der Ochs, der bei der Geburt des Jesuskindes neben dem Esel an der Krippe stand, versicherte einem Reporter, der von ihm erfahren wollte, wie er das erste Weihnachtsfest erlebt hätte: Er habe damals nichts Besonderes bemerkt. Er sei eigentlich erst nach Jahren, als dieser Jesus öffentlich zu wirken begann, auf ihn aufmerksam geworden. Der Jesusknabe habe nach seiner Geburt genauso hilflos dagelegen wie jedes andere Neugeborene. Er habe weder seine Augen aufgetan, um sich seine Umwelt einzuprägen, noch die zahlreichen Besucher, die aus Neugier in die Hütte drängten, gefragt, woher sie kommen oder ihnen zugelächelt. Er habe auch keinem der Anwesenden die Hände aufgelegt, um sie zu segnen, sondern lange und anhaltend geweint, ehe er einschlief. Alle, die da waren, hätten sich gewundert über die große Zahl der Hirten, die von überallher gekommen waren, als wäre die Geburt eines Kindes in jener Gegend nicht etwas Alltägliches. Vor allem habe er sich gewundert, dass weder die Hirten noch die Eltern niederknieten, um das Kind, bei dem sich später herausstellte, dass es der Sohn Gottes ist, anzubeten, wie das auf so vielen Altarbildern späterer Jahrhunderte dargestellt wird. Rückschauend müsse er feststellen, dass das Jesuskind überhaupt nicht gebührend empfangen wurde: Man habe weder einen Gabentisch aufgebaut noch einen Weihnachtsbaum aufgestellt und Kerzen angezündet. Niemand sei auf den Gedanken gekommen, Glühwein, Lebkuchen oder gebrannte Nüsse anzubieten oder eines der vielen Weihnachtslieder anzustimmen. Draußen habe auch kein Schnee gelegen und drinnen sei es unbehaglich kalt gewesen.

Als der Ochs gerade Atem holen wollte, griff der Esel – weil er verhindern wollte, dass sich der Reporter ausschließlich auf die Aussagen eines doch geistig beschränkten Zeitzeugen stützt – zum Mikrofon und sagte: Ganz so triste sei es beim ersten Weihnachtsfest nicht zugegangen. Es habe immerhin ein Engelchor gesungen, der offensichtlich aus dem Jenseits angereist war. Man müsse wohl zugeben, dass dieser Engelchor zwar über ein Stimmenmaterial verfüge, das nirgendwo, bei keinem Kirchenchor und in keinem Opernhaus der Welt zu finden ist. Aber leider hätten die Engel den Geschmack der Menschen falsch eingeschätzt und nicht das richtige Weihnachtslied gewählt. Alle hätten wohl himmlisch gesungen, aber das „Gloria in excelsis deo" sei eben ein zu jenseitiger Text und nicht – so wie das „Stille Nacht" – geeignet, die Herzen der Menschen anzurühren. Das erste Weihnachtsfest, fügte der Ochs bei, sei – wenn man es mit den heutigen Weihnachtsfesten oder Weihnachtsmärkten in Salzburg, Dresden oder auf der Insel Rügen vergleiche – überhaupt kein Fest gewesen. Der Jesusknabe habe eigentlich gar kein richtiges Weihnachtsfest erlebt.

„Was heißt Jesusknabe", wandte der Esel ein. „Im Zeitalter der Gleichberechtigung kann der Jesusknabe auch ein Jesusmädchen sein. Schau dir doch dieses hübsche, blonde und langhaarige 16-jährige Mädchen an, das jedes Jahr in der Vorweihnachtszeit in Nürnberg auf dem Christkindlmarkt oder in Innsbruck zum Goldenen Dacherl einzieht! Ein Junge schafft das nie, eine solche Aufmerksamkeit auf sich zu ziehen."

Als der Ochs „Aber, aber ..." sagen wollte, ließ er ihn nicht zu Wort kommen und begann, ihm Vorwürfe zu machen: Er sei viel zu unbeweglich. Er solle nicht immer auf althergebrachten Vorstellungen beharren, sondern endlich mit der Zeit gehen.

Der Ochs, der sich nicht gern von einem Esel belehren lassen wollte, wiederholte ärgerlich: „Trotzdem, der Jesusknabe war nun einmal ein Knabe und kein Mädchen."

„Damals", erwiderte der Esel, „aber doch nicht für alle Zeiten. Im Zeitalter der Emanzipation gilt das nicht mehr. Übrigens kannst du sicher sein: Wenn das Jesuskind heute käme, es könnte sich nicht mehr erlauben, als Knabe auf die Welt zu kommen."

Da stampfte der Ochse wütend auf den Boden und schnaubte:

„So ist es leider. Die Leute von heute wollen sich ihr Weihnachten nicht durch die Bibel verderben lassen!"

WR

An der Krippe

Ich sag Grüß Gott zu dir,
du göttliches Kind,
das in der Krippe hier
im Stalle ich find'.

Schön, dass du uns heut
geboren hier bist.
Sei uns gegrüßt.

Ich bring nicht Gold zu dir,
weil ich keines hab.
Doch habe ich dafür
ein' andere Gab.

Ich schenke dir dies Lied,
das ich für dich sing.
Ich schenk mein Lächeln dir,
das ich vor dich bring.
Und weil die Gaben mein
sind immer noch klein,
pack ich den schönsten Traum
dir auch noch mit ein.

Ich gebe selber dir
mich hin als ein Pfand.
Ich schenke mich dir hin
mit Kopf, Herz und Hand.

HZ

DER ENGELCHOR

Der Engelchor

Der Engelchor, der nach Betlehem geschickt worden war, um bei der Geburt des Jesuskindes das „Gloria in excelsis Deo" (das „Ehre sei Gott in der Höhe") zu singen, wurde gleich nach seiner Rückkehr in den Himmel von den vielen neugierigen Engeln, die nicht hatten mitreisen dürfen, aber etwas über die Erde und die Menschen erfahren wollten, umringt. Wie sehr sie auch beteuerten, ihr Aufenthalt sei ja nur kurz gewesen, sie hätten sich ganz auf das Singen konzentrieren müssen und außerdem sei es Nacht gewesen ... – sie wurden mit einer Fülle von Fragen bedrängt: wie denn der Gottessohn empfangen wurde, ob Könige ihre Kronen vor ihm niedergelegt hätten, ob man in Jerusalem Christkindlmärkte aufgestellt habe, ob sich die Politiker wenigstens diesen Abend in ihrem Terminkalender freigehalten hätten, ob neben dem Ochsen und dem Esel auch die Presse und das Fernsehen an der Krippe waren? Und Gabriel, der Maria die Botschaft von der Menschwerdung Jesu vor Kurzem hatte bringen dürfen, wollte wissen, ob der Gottessohn wirklich aussehe wie jeder andere Mensch und so hilflos sei wie jeder andere Säugling.

Ein schon etwas ergrauter Engel, der immer gern von sich und seiner Vergangenheit redete und auf die jüngere Generation der Engel neidisch war, weil sie – was zu seiner Zeit undenkbar war – neuerdings mit Flügeln ausgerüstet wurden, äußerte verächtlich: „Was ist schon heute ein Ausflug auf die Erde? Als wir damals dem Patriarchen Jakob im Traum erschienen, mussten wir auf einer Leiter durch das ganze Weltall auf- und niedersteigen."

Ein anderer Engel, der auch schon in die Jahre gekommen war, pflichtete ihm bei und meinte, es sei jetzt zu befürchten, dass unter Engeln ein Erd-Tourismus einsetze und die jungen Engel, die gern Urlaub machen, künftig – da sie Flügel haben – schnell mal zu einem Kurzbesuch zur Erde fliegen.

Als der Engel, der das erste Menschenpaar aus dem Paradies vertreiben musste, äußerte, es sollten eigentlich täglich Scharen von Engeln zur Erde fliegen, um irgendeinen Menschen von einer Untat abzuhalten, er verstehe nicht, warum man dem Menschen gegenüber, dem nicht zu helfen sei, so viel Geduld aufbringe – da begannen die Engel, die in Betlehem dabei waren, den älteren Engeln heftige Vorwürfe zu machen: Sie hätten an den Menschen immer etwas auszusetzen und gleich nach dem Sündenfall überall das Vorurteil verbreitet, der Mensch sei zum Guten überhaupt nicht fähig. Es sei an der Zeit, endlich umzudenken. So viel hätten sie bei ihrem Ausflug auf die Erde – trotz der Dunkelheit – doch mitbekommen, dass es sehr wohl Menschen guten Willens gebe. Die vielen, die am Weihnachtsabend in den Stall strömten, wären nicht aus bloßer Neugier gekommen, sondern weil sie eine große Sehnsucht nach dem Kommen Gottes hatten. Wenn die Menschen so hoffnungslos verdorben wären – wie mancher prominente Engel meint – dann hätte der Gottessohn sich das gewiss nicht angetan, ein Mensch zu werden.

Da mischte sich der Erzengel Michael, der bisher geschwiegen hatte, ein und sagte erregt: „Wir Engel sind zwar diesen Wesen da unten geistig überlegen, aber wir sollten uns hüten, zu meinen, wir wären klüger als er!" Dabei blickte er so zornig um sich, dass sich die Engel, die sich kritisch über die Menschwerdung geäußert hatten, schleunigst aus dem Staub machten, weil sie fürchteten, er könne – wie schon einmal – auf den Gedanken kommen, sie aus dem Himmel zu vertreiben.

WR

Schulaufsatz – Wie ich Weihnachten erlebe

Ich bin jetzt neun Jahre alt und erlebe das Weihnachtsfest zum neunten Mal. Obwohl ich jetzt in dem Alter bin, in dem man nicht mehr an das Christkind glaubt, freue ich mich doch auf die Weihnachtsmänner, aber nicht wegen der Süßigkeiten, die ich mir selber kaufen kann und die mir an Weihnachten nicht mehr schmecken. Ich mag einfach die Stimmung, wenn in den Schaufenstern Weihnachtssterne, Engel oder Nikoläuse stehen oder wenn man Weihnachtslieder hören kann, die ich sonst in der Kirche singen müsste, und wenn auf einmal alle Leute, auch die, die sonst ekelig sind, lächeln.

Ich finde, dass Weihnachten an Weihnachten nicht so schön ist wie in den Wochen vorher, weil man sich da noch nicht wie an den Weihnachtstagen langweilt. Im Oktober sage ich Mama und Papa, vor allem aber Oma und Opa, was es an neueren technischen Geräten gibt und welche Vorzüge sie gegenüber den Geräten haben, die ich im letzten Jahr bekam.

Im vergangenen Jahr war ich über den Gabentisch noch mehr als sonst enttäuscht, weil ich statt des High-Tech-Gerätes, das ich im Prospekt angestrichen hatte, ein billigeres Gerät bekam, das einfach die Leistung, wie man sie von einem modernen Hochleistungsgerät erwartet, nicht bringt. Im Januar musste ich dann darauf bestehen, dass man es wieder umtauscht.

Am meisten nervt es mich, wenn ich mir – sooft ich

meine Weihnachtswünsche äußere – von meinen Eltern anhören muss, auch sie hätten Wünsche: dass ich endlich einmal ein gutes Zeugnis nach Hause bringe. Als wüssten sie nicht, dass ich meine Zeugnisse nicht selbst schreiben kann und Schulkinder es nicht so einfach haben, wie sich das alle, die nicht mehr in eine Schule gehen, vorstellen. Man muss als Schulkind täglich mit Lehrern zurechtkommen, die keine Ahnung haben, was uns wirklich interessiert.

Wie das Weihnachtsfest entstanden ist, weiß ich nicht, weil wir bisher im Religionsunterricht nur die nichtchristlichen Religionen durchnehmen. Zurzeit beschäftigen wir uns mit Wischnu, einer hinduistischen Sekte, die hier bei uns noch wenig bekannt ist. Wenn ich unsere Religionslehrerin nach unserer Religion frage, sagt sie: die würde ich erst verstehen, wenn ich die anderen Religionen verstanden habe. Sie möchte uns auf die multireligiöse Gesellschaft vorbereiten, damit wir später einmal den Dialog mit allen Nichtchristen führen und ihnen den Sinn des Weihnachtsfestes erklären können. Aber wenn sie uns nicht bald eine biblische Geschichte erzählt, werde ich mir die Bibel im Internet herunterladen. Denn ich möchte endlich einmal wissen, was man glauben sollte, wenn man glauben möchte.

Bemerkung der Lehrerin:
Du hast dir bei deinem Aufsatz zwar Mühe gegeben, aber das Thema verfehlt. Das Thema heißt Weihnachten und nicht Religionsunterricht! Und den solltest du nicht benoten!

WR

Das Weihnachtsessen

Das Festessen begann mit der Ansprache eines Herrn im schwarzen Smoking: „Sehr geehrte Schwestern und Brüder unseres Clubs ‚Exquisit'. Ich begrüße Sie auch heuer wieder zu unserem Weihnachtsessen mit einer festlichen Umrahmung. Mit Fug und Recht kann ich sagen, dass diese Veranstaltung inzwischen die festlichste im Weihnachtsfestkreis unserer Stadt darstellt. Möglicherweise sogar unseres Landes", fügte er hinzu. „Das Festkomitee hat es sich auch heuer wieder angelegen sein lassen, nicht nur für das leibliche, sondern für das geistige und seelische Wohl etwas zu tun, dem alten Spruch gemäß: ‚Mens sana in corpore sano'. Ich darf Ihnen schon heute ansagen, dass in diesem Jahr im Mittelpunkt die Lesung eines weit über die Grenzen Bayerns hinaus bekannten Mundartdichters steht. Er wird uns seine Welturaufführung vorlesen. Ich darf vorstellen: Hier ist er, unser Alfons Igerl."

Die Anwesenden spendeten dem Dichter dezenten Beifall. „Äh, Herr Igerl", sagte der Mann im Smoking, „vielleicht sagen Sie selber etwas zu Ihrem Werk. Aber kurz, wenn's geht", flüsterte er ihm ins Ohr, „der erste Gang ist bereits im Anrollen."

„Sehr geehrter Herr Kommandant, sehr geehrte Damen und Herren", begann Alfons Igerl seine Vorstellung, „ich werde Ihnen heute die Welturaufführung meines Weihnachtsstückes ‚Die Münchner Weihnacht' vorlesen. Ich habe ..."

„Schon gut, schon gut, lieber Herr äh ... Ingerl, ich sehe gerade, dass der erste Gang bereitet ist, wir kommen dann später auf Sie zurück. Darf ich Sie im Übrigen fragen: Wie lang ist denn eigentlich Ihre Lesung?"

„Die ‚Münchner Weihnacht'", meinte Alfons Igerl schüchtern, „ja, die dauert so ungefähr eine dreiviertel Stunde. Und wenn dazwischen noch die Bogenhausener Sängerinnen und die Haidhauser Buam singen solln, dann kommen wir auf ungefähr eineinviertel Stunden."

„Um Himmels Willen, Herr Hingerl", meinte der Kommandant, „das geht natürlich nicht, das bringt ja unseren ganzen Essensablauf durcheinander. Haben Sie denn nicht etwas Kürzeres drauf? Sie haben ja im Übrigen noch etwas Zeit, sich da etwas einfallen zu lassen. Setzen Sie sich inzwischen ruhig zu den Musikanten an den Tisch, Sie sind selbstverständlich unser Gast."

Der Kommandant ergriff später wieder das Wort und verkündete: „Liebe Schwestern und Brüder, ich darf Ihnen nun unseren ersten Gang ankündigen. Der Küchenchef des Hauses ‚Goldene Gans' zeichnet dafür verantwortlich. Wir beginnen unser Weihnachtsdinner mit einem Sud aus den letzten Flusskrebsen des Amperoberlaufes. Sinnigerweise hat der Küchenchef diesem Sud den biblischen Namen ‚Herodes' gegeben. Dazu servieren wir Klößchen aus Wildmuscheln, die letzten übrigens auch, die im Unterlauf der Sempt noch ihr kleines Revier hatten. Unser Küchenchef hat den Klößchen den Namen ‚Kaiser Augustus' gegeben."

„Voriges Jahr hat es hier Ente gegeben", rief die Frau Kommandant dazwischen, „ich liebe nämlich Ente."
„Psst!", zischte ihr Gatte zu ihr hin. „Vielleicht darf ich noch ansagen, dass wir zur Vorspeise einen 1967er Blanc de Loire servieren."
Nach diesem Gang fand sich Alfons Igerl wieder ein und meinte: „Entschuldigen S', bitteschön, Herr Kommandant, ich hab' jetzt nachgedacht. Wenn meine ‚Münchner Weihnacht' zu lang sein sollte, dann könnte ich noch ein anderes Werk von mir vorschlagen, das ich zufällig gerade auch dabei habe. Ich habe es noch nie vorgelesen. Das wäre sozusagen, äh, auch eine Welturaufführung."
„Na, sehen Sie", meinte der Kommandant, „wo ein Wille ist, ist auch ein Weg, hahaha. Na, guter Mann, was schlagen Sie denn nun vor?"
Igerl zeigte auf ein paar Manuskriptseiten. „Das da", meinte er, „wäre mein ‚Neuhausner Advent'." „Neuhausner Advent?", überlegte der Kommandant. „Das hört sich gut an. Pass auf", sagte er zu seiner Frau, „wir werden heute den ‚Neuhausner Advent' hören."
„Was hast du gesagt?", fragte sie zurück. „Jetzt kommt die Ente?"
„Nein, der Herr da, der Herr Hiberl, wird uns heute den ‚Neuhausner Advent' vorlesen."
„Ach so, ich habe Ente verstanden", sagte die Gattin des Kommandant. „Voriges Jahr war die Ente wirklich exzellent. Gibt es heute auch Ente?"
„Sagen Sie einmal", wandte sich der Kommandant Alfons Igerl zu, „wie lange dauert denn dieses Opus?"
„Ja, schon erheblich kürzer", antwortete der. „Ich weiß ja nicht, ob da wieder dazu gesungen werden

soll, aber selbst mit Gesang kommen wir da nicht über eine dreiviertel Stunde hinaus."

„Um Himmels Willen, um Himmels Willen, guter Mann", brauste der Kommandant auf, „eine dreiviertel Stunde! Haben Sie denn noch nicht mitbekommen, worum es hier geht? Schauen Sie, jetzt wird gerade der nächste Gang serviert. Sie können im Übrigen wieder mitessen. Vielleicht fällt Ihnen dann noch eine andere Lösung ein."

Der Kommandant kündigte den nächsten Gang an: „Mousse vom Kaviar, und weiter dann Omelette aus Straußeneiern – in Ruhpolding züchten sie Zwergstrauße –, dazu in Viechtacher Waldhonig eingelegte Wachtellendchen. Das ganze nennt sich ‚Salomes Versuchung'."

„Aha", sagte die Frau des Vorstandes, „endlich gibt es Entchen. Voriges Jahr war die Ente nämlich sehr gut, hat mir sehr gut gemundet."

„Wachtellendchen", verbesserte sie der Kommandant. Nach diesem Gang rief er wieder Alfons Igerl zu sich. „Herr Heigl", meinte er, „haben Sie sich jetzt was einfallen lassen? Ich habe Sie nämlich zwischen dem Hauptgericht und dem letzten Gang eingeplant."

Alfons Igerl schaute etwas unglücklich und meinte dann: „So, ich hab's mir während der Straußeneier überlegt, aber jetzt habe ich wirklich nur noch eine Alternative. Das wäre meine ‚Milbertshofener Herbergssuche'."

„Das hört sich ja gut an", meinte der Kommandant, „wäre das auch eine Uraufführung?"

„Ja, ja", betonte Alfons Igerl, „die ‚Milbertshofener Herbergssuche' habe ich grad' erst vor zwei, drei Tagen fertiggestellt."

„Ah, aha, sehr gut. Und jetzt die Gretchenfrage! Wie lange ist denn dieses Werkchen?"
Alfons Igerl strahlte: „Eine viertel Stund', eine geschlagene viertel Stunde reiner Text, keine Minute drüber."
„Mann, Igerl", stöhnte der Kommandant, „ich dachte, Sie wären etwas flexibler. Haben Sie denn noch immer nicht bemerkt, wo Sie sich befinden? Sie sind in dem Club ‚Exquisit'."
„Ja, aber ...", meinte Igerl.
„Ich sagte Ihnen doch, Sie sind zwischen der Hauptmahlzeit und dem Dessert eingeplant – ganz am Ende."
Die Frau des Kommandanten spitzte die Ohren und sagte: „Ah, jetzt kommt die Ente! Voriges Jahr war die Ente wirklich ausgezeichnet, ausgezeichnet."
„Wissen Sie, was es da gibt?", fragte der Kommandant den schon etwas verwirrten Alfons Igerl. „Unser Hauptmahl – unter dem Motto ‚Hochzeit von Kana' – besteht aus Junggänsezungen aus dem Zuchtgut Laubender in Ried bei Benediktbeuren. Dazu gibt es Wildziegeneuter, in Koriander gebeizt und am Spieß flambiert. Der ‚Betlehemer Hirtenspieß' ist eine neue Kreation unseres Koches. Nun verstehen Sie, warum ich Sie um ein Zeitlimit bitte, denn im Anschluss werden die eigens frisch gefrorenen Weihnachtsflöckchen ‚Engeltraum' kredenzt. Sie dürfen weder eine Sekunde zu früh noch zu spät auf den Tisch kommen, denn sie stellen den absoluten Höhepunkt des Abends dar. Sie sehen also, es ist völlig unmöglich, dass Sie Ihre Lesung in die Länge ziehen. Sagen Sie mal, wie heißt denn eigentlich der Schluss ihres äh, äh, Stückchens von der ‚Milbertshofener Herbergssuche'?"

Igerl suchte ein wenig in seinen Manuskripten herum und las dann mit stockender Stimme vor:

> Und deswegn, liabe, guade Leit,
> denkts zruck an jene heilige Zeit,
> da wo des heilige Paar vorm Tor
> vergeblich klopfte an und fror.
> Öffnet für die, die draußen friern,
> bereitwillig des Herzens Türn!
> Lasst sie herein in eures Herzens Raum.
> Dann ist erfüllt der Engel Traum.

Da klatschte der Kommandant in die Hände, umarmte den verdutzten Alfons Igerl und rief: „Prächtig, prächtig, das ist es. Genau das habe ich mir vorgestellt. Gefrorenes, frieren, hereinlassen ... Engeltraum. Igerl, das ist eine prächtige Überleitung für unsere Nachspeise. Das tragen Sie mal vor. Aber nur den Schluss! Dann ist der Abend gerettet. Ende gut, alles gut."
Da rief die Frau des Kommandanten ihrem Mann zu: „Na endlich, doch noch eine Ente. Ein Weihnachtsessen ohne Ente wäre ja wie ein Weihnachtsstern ohne, äh, ohne Zimt."

HZ

Die Gespräche der Sterndeuter

Die Weisen aus dem Morgenland, die den neugeborenen König der Juden in Betlehem gefunden hatten, waren auf ihrem Nachhauseweg noch voller Fragen und wussten nicht so recht, wie sie ihre Erlebnisse deuten sollten. Kasper, der immer für die unbedingte Wahrhaftigkeit eingetreten war und deshalb als Wahrheitsfanatiker galt, wollte sich nicht damit abfinden, dass sie den König Herodes auf der Heimreise nicht besuchten, obwohl sie es versprochen hatten. Melchior und Balthasar mochten noch so sehr beteuern, dass man ein gegebenes Versprechen gar nicht halten darf, wenn sicher ist, dass daraus Schaden entsteht – es fiel ihm schwer, ihre Argumente anzunehmen. Er wiederholte immer nur den Satz: „Was man verspricht, muss man auch halten."

„Als wir das Versprechen gaben", sagten sie, „waren wir der Meinung, er wolle – wie er uns vorgaukelte – hingehen, das Kind anzubeten. Wir waren so naiv zu glauben, er sei ein Gottsucher wie wir. Wir wussten noch nicht, was wir jetzt wissen. Versprechen muss man manchmal brechen. Sage bloß, Herodes hat sich richtig verhalten, als er seiner Tochter Salome das Haupt des Johannes bringen ließ, nur weil er geschworen hatte, er werde ihr jeden Wunsch erfüllen?" – Kaspar aber ließ sich nicht überzeugen und wandte ein: „Wir hätten einen Ausweg finden müssen. Wir hätten Herodes besuchen und uns weigern können, den Ort zu nennen, wo wir das Kind fanden."

Da schrie ihn Melchior wütend an: „Hast du vergessen, dass uns ein Engel dazu aufgefordert hat, unser Versprechen nicht zu halten? Oder bist du etwa der Meinung, man darf einem Engel gegenüber ungehorsam sein?"

Nachdem sie eine Zeit lang schweigend nebeneinander hergegangen waren, äußerte Melchior, er frage sich, ob sie die richtigen Geschenke ausgewählt hatten und ob die Eltern des Kindes verstehen konnten, dass Gold, Weihrauch und Myrrhe eigentlich keine Geschenke sind, wie man sie gewöhnlich schenkt, sondern symbolische Bedeutung haben? Da beruhigte ihn Balthasar mit den Worten: „Ich musste oft darüber staunen, was einfache Menschen doch begreifen – auch wenn sie nicht verstehen. – Mir geht ein anderer Gedanke ständig durch den Kopf: warum ein Sohn Gottes genauso aussieht wie jeder andere Mensch und warum er, wenn er Gott ist, das nicht zeigt. Ich bin – wenn ich ehrlich bin – enttäuscht, dass uns das Jesuskind bei unserer Ankunft nicht zugelächelt hat. Es hätte uns bei unserem Abschied auch ein paar gute Worte auf den Weg mitgeben können."

Als Melchior erstaunt einwandte: „Das erwartest du von einem Kind, das noch ein Säugling ist", entgegnete Balthasar: „Es ist immerhin der Sohn Gottes und ein Sohn Gottes kann – wenn er will – auch als Säugling alles."

Erst als die drei Weisen schon ganz nahe an ihrer Heimat waren, gab Kaspar sein Schweigen auf und rühmte sich: „Ich habe den Stern entdeckt. Wenn ich nicht auf ihn aufmerksam gemacht hätte, ihr hättet ihn übersehen!" Darauf entgegnete Melchior: „Aber was hätte uns deine Entdeckung gebracht, wenn ich euch nicht überredet hätte, mit mir aufzubrechen und dem Stern zu folgen? Ihr hättet ihn nur angeschaut. Dank meiner Initiative sind wir aufgebrochen." Da lachte Balthasar laut, und als ihn seine beiden Begleiter erstaunt ansahen, sagte er: „Wie oft musste ich euch unterwegs gut zureden. Sooft eine Wolke den Stern verdeckte, wolltet ihr aufgeben. Das scheint ihr verdrängt zu haben. Wir hätten unser Ziel nie erreicht, wenn ich euch nicht immer wieder zum Durchhalten aufgefordert hätte."

Zu Hause angekommen beschlossen die drei Weisen, den Sternenhimmel nicht mehr weiter zu erforschen, denn sie sagten sich: „Was können uns die Sterne noch offenbaren? Kann noch etwas geschehen, was dieses Ereignis übertrifft?" Den Leuten, die von ihnen wissen wollten, was denn die Sterne sagen, sagten sie: „Alles Bedeutsame ist schon geschehen. Fragt nicht nach den Ereignissen, die kommen werden, sondern nach denen, die schon geschehen sind!"

WR

Ein Stern ist aufgegangen

„Ein Stern ist aufgegangen, wohl über Jakobs Haus", so singen wir jetzt zur Weihnachtszeit. In Lied und Gebet gedenkt man also dieses Sterns von Betlehem, von dem man zunächst annahm, dass er ein Komet war, während man heute aber wohl mehr zu der Auffassung neigt, dass sich um die Zeit von Christi Geburt eine besondere Planetenkonstellation ergeben hätte.

Wie dem auch sei, der Stern verkörpert jenes Heilsereignis. Christus wird sogar als der „Morgenstern der finsteren Nacht" angesprochen. In säkularisierter Form ist der Stern als Christbaumschmuck, auf dem Weihnachtspapier, als Plätzchen und so weiter nicht mehr wegdenkbar. Der Stern oder die Sterne haben nun für den Menschen seit eh und je eine faszinierende Wirkung gehabt. Wie auch immer sie gedeutet beziehungsweise erforscht worden sind – astronomisch oder astrologisch –, schon früh glaubte der Mensch, dass sein Schicksal von den Sternen abhängig sei. Astronomie und Astrologie gingen seinerzeit noch ineinander über.

Fast in jeder Religion tauchen die Sterne als Symbole, als Träger von Mythen auf. In wie vielen Gedichten und Liedern hat der Stern seinen Ort? Nicht zuletzt in dem so schönen Kinderlied „Weißt du, wie viel Sternlein stehen", in dem auf so einfache Weise die großen Fragen des Menschen auftauchen. Wie naiv, wird mancher denken, wo wir heute doch durch die fortschreitende Wissenschaft so viel über diese Sternenwelt wissen, dass manche meinen, sie hätten alle Rätsel dieser Welt schon gelöst oder es wäre nur noch eine Frage der Zeit, wann wir den letzten Schleier lüfteten.

Man weiß doch inzwischen, wie viel „Sternlein" stehen. Nur, mit jeder neuen Erkenntnis taucht ein neues Problem, tauchen neue Rätsel auf. Da kann man zwar mit Lichtjahren die Entfernungen zwischen den einzelnen Galaxien berechnen, und doch rückt mit dieser Zahl das Berechenbare in immer weitere Entfernung. Wir wissen immer mehr, um feststellen zu können, wie wenig wir wissen. Wie war das mit der Entstehung dieser Welt? Da taucht natürlich die Urknalltheorie auf. Aber je näher wir uns mit dieser befassen, desto geheimnisvoller wird das Ganze. Und je näher wir diesem Punkt Null kommen, erforschen, welche ersten Teile eine Rolle gespielt haben, Neutronen, Elektronen, Protonen, Quarks, X-, Y-Teilchen und so weiter, um so rätselhafter wird, wie sich alles so ereignete, dass es zu unserem Weltall, zu unserer Welt, aber auch zu unserem Planetensystem, zu unserer Erde gekommen ist.

Welcher ernstzunehmende Wissenschaftler spricht heute noch von der ewigen Materie? In einer Zeit, in der die Geisteswissenschaften immer materialistischer werden, die Psychologie sich schamhaft aus der Geisteswissenschaft hin zur Naturwissenschaft entwickelt hat und ihre Gesetze oft aus einer längst überholten Statistik bezieht, erkennt die Physik plötzlich ihr Vorher und Nachher, denkt zumindest daran, dass es so etwas wie Metaphysik gibt. Da entdeckt man dann plötzlich gar nicht mehr so viele Widersprüche zwischen Physik und Religion.

Es ist nicht uninteressant zu wissen, dass der wohl bedeutendste deutsche Philosoph, Immanuel Kant, zunächst einmal vom naturwissenschaftlichen Arbeiten her seine Qualifikation erreicht hat. Er, der immer wieder zu den Vätern der Aufklärung gezählt wird, hat als einen seiner wesentlichen Sätze verkündet, dass ihn das Sittengesetz in uns und der gestirnte Himmel über uns mit immer neuem Staunen erfülle.

Die Chance, dass sich unser kleiner blauer Stern mit seiner Atmosphäre und seinen Lebewesen entwickeln konnte, war, mathematisch gesprochen, unendlich gering. Und doch hat sich alles so ereignet, ist also unser Stern doch ein ausersehener, ein auserkorener. Ist es nicht eine der großartigsten und staunenswertesten Erkenntnisse, dass sich innerhalb eines millionsten Bruchteils einer Sekunde alles gegen das Nichts entschieden hat oder entschieden wurde?

Wir sprechen sehr oft von dem Begriff der „Sternstunde". Dieser winzige Bruchteil der Zeit, von dem die Rede war, war wohl eine Sternstunde, weil sich in ihm das Werden des Alls und der Sterne entschieden hat. Auch heute gibt es immer wieder Sternstunden, und darunter verstehe ich nicht nur das Entstehen eines neuen Sternes, sondern das Entstehen neuen Lebens, das ein ähnliches Wunder ist.

Ist nicht jede Zeugung und die Geburt eine solche Sternstunde, in der in einem biologisch, physikalisch oder chemisch nicht genau fassbaren Zustand ein neues Ich, ein Mikrokosmos entsteht? Der Christ glaubt, dass Christi Geburt die Sternstunde für die

Menschheit war, damals, als der Stern über dem Stall geleuchtet hat und dem Leben über sein Ende hinaus dieses ewige Heil zugesagt wurde. In jener Nacht wurde die Zusage gemacht, dass das Schicksal des Weltalls, aber auch jedes Einzelnen nicht die Auflösung, sondern die Erlösung ist. Ein Stern wurde aus der Ewigkeit in der Zeit sichtbar, wurde zum Zeichen, dass nicht das Dunkle der Nacht, sondern das Lichte und Helle, das Heil hinter dem scheinbaren Dunkel des Endes, als Vollendung und neuer Anfang steht.

HZ

Die Gespräche auf dem Weg nach Ägypten

Als die Heilige Familie nach Ägypten aufgebrochen war, um vor Herodes zu fliehen, sagte Maria zu Josef: „Warum sind wir eigentlich nach Ägypten aufgebrochen? Du weißt doch, dass schon unsere Vorfahren dort die Unterdrückung des Pharao nicht ausgehalten haben! Warum fliehen wir nicht nach Bayern? Dort haben die Fürsten ihre Untertanen nicht wie die Pharaonen schikaniert, sondern mit Baudenkmälern beschenkt. Dort gibt es all das, was man braucht, um Weihnachten zu feiern: Alpen, weiße Winter, Tannenbäume; Christbaumkugeln, Christstollen und Christmetten."

Doch Josef trieb den Esel an und knurrte: „Willst du noch zig Tagereisen unterwegs sein? Hättest du einmal auf eine Landkarte geschaut, dann wüsstest du, wie weit das ist. Ich habe das auszuführen, was mir der Engel aufgetragen hat. Er hat mich unmissverständlich aufgefordert, nach Ägypten zu fliehen! Soll ich mich dieser Anordnung widersetzen?"

„Niemand will, dass du dich der Anordnung eines Engels widersetzt", erwiderte Maria. „Aber so unterwürfig müssen wir uns einem Engel gegenüber wirklich nicht verhalten. Ich bin der Meinung, dass man Weisungen von Engeln nicht so eng auslegen muss. Sie sind weiter nichts als gut gemeinte Ratschläge. Engel schränken den Handlungsspielraum eines Menschen niemals ein! Sie verlangen keinen Kadavergehorsam und dass wir den Verstand ausschalten. Gerade bei der Auslegung von Träumen sollte man vorsichtig sein, weil man ja während eines Traumes schläft und noch nicht hellwach ist. Es ist doch möglich, dass der Engel gar nicht von Ägypten sprach, sondern befohlen hat: ‚Flieh nach Bayern!'" Josef trieb den Esel, der wieder stehenbleiben wollte, erneut energisch an und stellte Maria die Frage: „Und wo willst du dort unterkommen? Wir kennen dort doch niemand."

„Darüber würde ich mir keine Sorgen machen", entgegnete Maria. „Es gibt ja schließlich ein Asylrecht. Wir können notfalls auch den Caritasverband oder das evangelische Hilfswerk in Anspruch nehmen. Ich habe von Leuten gehört, die ihren Urlaub regelmäßig dort verbringen, Bayern sei ein gastfreundliches Land. In der Weihnachtszeit führe man an vielen Orten eindrucksvoll die Herbergssuche auf. Da könnte man einmal testen, wie es um ihre Aufnahmebereitschaft steht."

„Ich kann mit dem besten Willen nicht verstehen", wandte Josef ein, „was dich an bayerischen Weihnachtsfesten reizt. Ich gebe zu, unser Weihnachten in Palästina, in einem Stall, mit einem sturen Ochsen, einem störrischen Esel, mit lauter armen Leuten und dieser bescheuerten Volkszählung, die sich der Kaiser ausgedacht hatte, war nicht gerade stimmungsvoll."

„Das ist es eben", seufzte Maria. „Was ist schon Weihnachten ohne Stimmung? Ohne dieses ... dieses ..." – „Du hast wohl den Engelchor vergessen", sagte Josef, „mit dem wunderschönen ‚Gloria in excelsis Deo'? Oder hat er dir etwa nicht gefallen?"

„Doch, schon", sagte Maria, „dieses Singen hätte sich ja gut angehört, wenn es nicht Latein gewesen wäre." Stimmung komme eben nur bei einer mundartlichen Dichtung auf, wenn sich etwas reimt. Eine Mundart sei zwar schwerer zu verstehen als Latein, sei aber doch viel angenehmer für das Ohr. „Alle, die ich erzählen hörte", fuhr sie fort, „schwärmen von der Stimmung. Schon von Oktober an kann man in den Kaufhäusern ausgiebig Weihnachten feiern." – „Drei Monate Weihnachten", fragte Josef. „Ist das nicht ein bisschen viel? Wir wollen doch nicht, dass unser Kind mit Computern oder einer elektrischen Eisenbahn spielt."

„Schon gut, schon gut", sagte Maria, „es geht ja nicht um uns, es geht um unser Kind. Es soll schöne Erinnerungen an Weihnachten mit ins Leben nehmen. Dort haben sie so viele schöne Bräuche: das Beschenken, den Adventskranz, die goldgelben Beth- und Hutzelmännchen oder Rauschgoldengel, die mit Lametta, Kugeln und Kerzen behangenen Christbäume, die Sternsinger und die Christkindlmärkte allerorten." Da protestierte Josef heftig: „Das kommt nicht in Frage! Was soll unser Kind auf einem Christkindlmarkt? Es wird ja nur verwirrt, wenn es die vielen Christkindl und Weihnachtsmänner sieht."

„Ich hätte nichts dagegen", fuhr Maria nach einer Pause fort, „wenn unser Kind in Bayern aufwachsen würde. Es gibt dort ganz andere Bildungsmöglichkeiten und du würdest gewiss Arbeit finden, denn dein Beruf ist krisensicher. Zimmerleute braucht man immer, zumal in einer Stadt wie München mit den vielen kirchlichen und städtischen Verwaltungsgebäuden, an denen es immer etwas zu reparieren gibt. München und der Starnberger See, der fast so schön ist wie der See Genezareth, wären ein wunderschöner Wohnsitz."

„Das stimmt ja alles", sagte Josef, „niemand könnte dann mehr den Einwand erheben: ‚Kann denn aus Nazaret was Gutes kommen?'" – „Wenn unser Sohn dann einmal zwölf Jahre alt ist", sinnierte Maria weiter, „und von zuhause drei Tage wegbleiben möchte, um mit den Schriftgelehrten zu diskutieren, wird man ihm das in einer der vielen Münchner Kirchen, vielleicht sogar im Liebfrauendom gestatten. Und die Domherren und Prälaten werden ihm sicher erlauben, dass er ihnen zuhört und ihnen Fragen stellt. Und wenn er dann später beim Sonntagsgottesdienst eine Predigt halten möchte, wird man ihm gewiss auch die Bibel reichen, damit er sie auslegt, denn heute dürfen das auch Laien tun ... wenn sie die Erlaubnis dazu haben. Die Leute werden bei seiner Predigt vielleicht nicht klatschen, weil sie das, was er verkündet, ja schon alles kennen. Man ist dort eben Christ, so wie man Bayer ist. Er wird es dort bei seinem öffentlichen Auftreten sehr viel leichter haben: Er wird keine Händler aus dem Tempel vertreiben und keine Heilungen und Wunder tun müssen."

„Meinst du etwa", fragte Josef, „dass es dort keine Lahmen, Tauben oder Blinde gibt?" – „Man behandelt dort", antwortete Maria, „körperliche Gebrechen medizinisch und seelisch Kranke über Jahre hinweg therapeutisch. Die Leute werden ihn zu ihren Stammtischen einladen und mit ihm über Gott und all das reden, was heute nicht mehr in einem Religionsunterricht behandelt wird. Aber er wird mit den Theologen – wie mit Nikodemus – keine nächtlichen Gespräche führen müs-

sen, denn dort sind die Theologen so gut ausgebildet, dass sie exegetische Fragen selbst lösen können."
„Was du so alles zusammen fantasierst und fabulierst", sagte Josef. „Dann hätte ja unser Sohn dort eine wunderbare, sorgenfreie Zukunft vor sich." –
„Ich hoffe", sagte Maria, „dass er dort nicht die anstrengende Predigttätigkeit auf sich nehmen muss, weil man in Bayern den christlichen Glauben nicht erwerben muss, sondern ererben kann. Die Lebensgeschichte unseres Jesus würde dann gewiss nicht so traurig enden. Denn bayerische Jünger würden ihn nie verraten und nie aus Menschenfurcht die Flucht ergreifen."
Josef schüttelte immer nur den Kopf und sagte dann: „Was hast du doch für eine merkwürdige Fantasie? Ich verstehe nicht, wie man auf den Gedanken kommen kann, dass eine Lebens-geschichte anders verlaufen könnte, als sie verlaufen ist, nur weil man sich in einem anderen Land befindet."
Da tat der Jesusknabe zum ersten Mal seine Augen auf, blickte verwundert um sich und lallte etwas vor sich hin, das nicht zu verstehen war. Nur der Esel wieherte laut und deutlich I-Ja, als habe er verstanden.

WR